AF310454

DÉCRET DU 21 FÉVRIER 1897
modifié par décret du 9 novembre 1905

RÈGLEMENT

SUR LE

SERVICE DES FEUX

LES

SIGNAUX A FAIRE

ET LES

MANŒUVRES A EXÉCUTER

à bord des bâtiments de l'Etat et du Commerce

POUR

PREVENIR LES ABORDAGES

PARIS

AUGUSTIN CHALLAMEL, ÉDITEUR

Librairie maritime et coloniale

CARTES, PLANS ET OUVRAGES DU DÉPOT DE LA MARINE

17, Rue Jacob

5ᵉ tirage — 1906.

DÉCRET DU 21 FÉVRIER 1897
Modifié par décret du 9 novembre 1905

RÈGLEMENT

SUR LE

SERVICE DES FEUX

LES

SIGNAUX A FAIRE

ET LES

MANŒUVRES A EXÉCUTER

à bord des bâtiments de l'État et du Commerce

POUR

PREVENIR LES ABORDAGES

PARIS

AUGUSTIN CHALLAMEL, ÉDITEUR

Librairie maritime et coloniale

CARTES, PLANS ET OUVRAGES DU DÉPOT DE LA MARINE

17, Rue Jacob

5ᵉ tirage — 1906.

SIGNAUX SÉMAPHORIQUES

COMMUNIQUÉS AUX COMMISSAIRES DE L'INSCRIPTION MARITIME
ET AUX CHAMBRES DE COMMERCE
POUR ÊTRE PORTÉS A LA CONNAISSANCE DES NAVIGATEURS

---

*Tous les bâtiments français doivent connaître
les six signes suivants :*

Rien
de nouveau.

Approchez-vous
du sémaphore.

Eloignez-vous
de la côte.

L'ennemi
n'est pas en vue.

L'ennemi
est en vue.

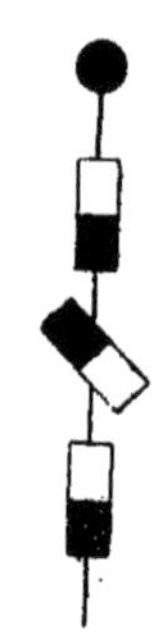

L'ennemi
est sur la route
que vous suivez.

DÉCRET DU 21 FÉVRIER 1897

en vigueur du 1er Juillet 1897

Modifié par décret du 9 novembre 1905

RÈGLEMENT

SUR LE SERVICE DES FEUX

LES SIGNAUX A FAIRE

ET LES MANŒUVRES A EXÉCUTER

à bord des bâtiments de l'Etat et du Commerce

POUR PRÉVENIR LES ABORDAGES

RAPPORT

AU PRÉSIDENT DE LA RÉPUBLIQUE FRANÇAISE

Paris, le 21 février 1897.

J'ai l'honneur de soumettre ci-joint à votre haute sanction des projets de décrets et de règlement ayant pour objet de prévenir les abordages en mer.

Le règlement dont il s'agit, destiné à remplacer celui du 1er septembre 1884, reproduit les dispositions arrêtées, à la fin de 1889, par la conférence maritime internationale de Washington, et auxquelles un certain nombre d'amendements ont d'ailleurs été apportés depuis cette époque, d'un commun accord entre les puissances intéressées.

Plusieurs gouvernements ayant déjà adopté ces dispositions pour être appliquées à la date du 1er juillet 1897, le moment me parait venu de prendre, en ce qui nous concerne, des mesures analogues.

Toutefois, l'entente n'ayant pu encore s'établir sur la question des feux des bateaux de pêche, l'article 9 a été réservé.

Dans ces conditions, j'ai pensé qu'il y avait lieu de maintenir en vigueur, à titre provisoire, l'article 10 du règlement du 1er septembre 1885, mais seulement en ce qui concerne les bateaux de pêche.

En outre, il m'a semblé utile de prévoir l'éclairage des chalutiers, qui, actuellement, n'est l'objet en France d'aucune réglementation spéciale.

Le Ministre de la Marine,
G. BESNARD.

DÉCRET

Le Président de la République française,

Sur le rapport du Ministre de la Marine,
Vu la loi des 9 et 13 août 1791 ;
Vu l'article 225 du code de commerce ;
Vu les décrets des 28 mai 1858, 25 octobre 1862, 26 mai 1769, 28
   octobre 1873, 4 novembre 1879 et 1er septembre 1884 ;
     Le comité des inspecteurs généraux entendu,

       Décrète :

Art. 1er. — A partir du 1er juillet 1897, les bâtiments de la
marine nationale, ainsi que les navires du commerce français,
auront à se conformer au règlement ayant pour objet de prévenir les abordages, annexé au présent décret.

Art. 2. — A compter de cette même date du 1er juillet
1897, le décret et le règlement du 1er septembre 1884 sur la
matière sont abrogés. Toutefois, l'article 10 dudit règlement
reste provisoirement en vigueur, mais seulement en ce qui
concerne les bateaux de pêche.

Art. 3. — Le Ministre de la Marine est chargé de l'exécution du présent décret.

Fait à Paris, le 21 février 1897.

Félix FAURE.

RAPPORT

AU PRÉSIDENT DE LA RÉPUBLIQUE FRANÇAISE.

Paris, le 9 novembre 1905.

Dans le règlement du 21 février 1897, ayant pour objet de prévenir les abordages en mer, et qui a été mis en vigueur le 1er juillet suivant, l'article 9 avait été réservé, l'entente n'ayant pu jusqu'alors s'établir entre les différents gouvernements sur la question
des feux des bateaux de pêche, et les dispositions de l'article 10 du
règlement du 1er septembre 1884, relatives à cet objet, avaient
été maintenues en vigueur à titre provisoire.

Mais, depuis, sur l'initiative du gouvernement britannique, un
accord est intervenu entre les puissances intéressées, pour l'adoption de nouvelles règles concernant les feux et signaux des bateaux
de pêche et destinées à constituer l'article 9 du règlement sur les
abordages.

D'autre part, l'Angleterre a déjà adopté, pour l'éclairage des bateaux-pilotes à vapeur, des dispositions que les autres gouvernements, consultés par elle en 1901, avaient accepté, en principe,
de rendre générales par une modification de l'article 8 du règlement
précité.

Dans ces conditions, le gouvernement britannique a soumis à l'approbation du Gouvernement de la République une rédaction définitive des articles en question, en annonçant son intention de les mettre en vigueur le 1er mai 1906.

Les dispositions qu'ils contiennent, non plus que la date de leur application, ne donnant lieu à aucune objection de la part de mon département, j'estime que le moment est venu de prendre, en ce qui nous concerne, des mesures analogues, et j'ai, en conséquence, l'honneur de soumettre à votre haute sanction le projet de décret ci-joint ayant pour objet d'apporter au règlement du 21 février 1897 les modifications et additions nécessaires.

Le ministre de la marine,
Gaston THOMSON.

DÉCRET

Le Président de la République française,

Sur le rapport du ministre de la marine,
Vu le décret du 21 février 1897 ;
La section permanente du conseil supérieur de la marine entendue,

DÉCRÈTE :

Art. 1er. — L'article 8 du règlement du 21 février 1897, relatif aux feux des bateaux-pilotes, est modifié et remplacé par le suivant (voir page 10) :

Art. 2. — L'article 9 (Feux des bateaux de pêche), qui avait été réservé dans le règlement du 21 février 1897, est désormais ainsi conçu (voir page 11) :

Art. 3. — Les nouvelles dispositions qui font l'objet des articles 1er et 2 ci-dessus entreront en vigueur à compter du 1er mai 1906. A la même date, cesseront d'être applicables les dispositions provisoires du règlement du 21 février 1897, relatives à l'éclairage des bateaux de pêche.

Art. 4. — Le ministre de la marine est chargé de l'exécution du présent décret.

Fait à Paris, le 9 novembre 1905.
Emile LOUBET.

Notification d'une nouvelle édition du règlement du 21 février 1897, ayant pour objet de prévenir les abordages en mer.

Le Ministre de la Marine,

à MM. les vice-amiraux, commandant en chef, préfets maritimes ; officiers généraux, supérieurs et autres commandant à la mer ; chefs du service de l'inscription maritime dans les ports secondaires ; administrateurs de l'inscription maritime.

Paris, le 11 décembre 1905.

Dans le règlement du 21 février 1897, ayant pour objet de prévenir les abordages en mer, et qui a été mis en vigueur le 1er juillet suivant, l'article 9 avait été réservé, l'entente n'ayant pu jusqu'alors s'établir entre les différents gouvernements sur la question des feux des bateaux de pêche, et l'article 10 du règlement du 1er septembre 1884, relatif à cet objet, avait été maintenu provisoirement en vigueur, complété toutefois de dispositions provisoires destinées à prévoir l'éclairage des chalutiers.

Depuis lors, sur l'initiative du gouvernement britannique, un accord est intervenu entre les puissances intéressées pour l'adoption de nouvelles règles définitives concernant les feux et signaux des bateaux de pêche et destinées à constituer l'article 9 du règlement sur les abordages.

D'autre part, l'Angleterre a déjà adopté pour l'éclairage des bateaux pilotes à vapeur des dispositions que les autres gouvernements, consultés par elle en 1901, avaient accepté, en principe, de rendre générales par une modification de l'article 8 du règlement en vigueur.

Lorsque j'ai été en possession du texte définitif anglais des articles en question, j'ai soumis à l'approbation du Président de la République, qui a bien voulu les sanctionner par un décret en date du 9 novembre 1905, les modifications et additions qu'il y avait lieu d'apporter au règlement du 21 février 1897, en vue d'y introduire les nouvelles règles adoptées tant pour les bateaux pilotes à vapeur que pour les bateaux de pêche.

Le règlement du 21 février 1897, ainsi modifié et complété, formera une nouvelle brochure qui conservera dans la nomenclature le n° 5,101 et qui devra être remise gratuitement à tout capitaine, maître ou patron, présent dans un port français. Cette délivrance sera constatée par une inscription sur le rôle d'équipage, et chaque fois que le rôle sera changé, on s'assurera que le navire ou le bateau est pourvu de la nouvelle édition du règlement sur les abordages.

Les autorités maritimes dans les ports recevront, dans le premier trimestre de l'année 1906, de nombreux exemplaires de cette brochure et, lorsqu'ils seront épuisés, une demande devra m'être adressée dans la forme ordinaire, sous le timbre du cabinet civil : bureau des archives, bibliothèques, publications et impressions.

A la date du 1er mai 1906, la nouvelle brochure sera seule en service et l'édition de 1897 devra être détruite.

Je vous prie de vouloir bien assurer, chacun en ce qui vous concerne, l'application des dispositions contenues dans ce document. J'appelle en particulier votre attention sur le renvoi du paragraphe (*c*) de l'article 9 (nouveau), qui m'a paru nécessaire pour définir exactement le sens de l'expression « lignes traînantes ».

GASTON THOMSON.

RÈGLEMENT DU 21 FÉVRIER

AYANT POUR OBJET DE

PRÉVENIR LES ABORDAGES EN MER

PRÉLIMINAIRES

Mise en vigueur.

A partir du 1er juillet 1897, le présent règlement devra être suivi par tous les navires de la marine nationale et par ceux du commerce dans les hautes mers et dans toutes les eaux attenantes accessibles aux bâtiments de mer.

Définitions. — Navires à voiles. — Navires à vapeur.

Dans les règles ci-après, tout navire à vapeur qui marche à la voile, et non à la vapeur, doit être considéré comme un navire à voiles, et tout navire qui marche à la vapeur, qu'il porte ou non des voiles, doit être considéré comme un navire à vapeur.

Le mot navire à vapeur doit comprendre tout navire mû par une machine.

Un navire fait route ou est en marche, dans le sens de ces règles, lorsqu'il n'est ni à l'ancre, ni amarré à terre, ni échoué.

RÈGLES CONCERNANT LES FEUX, ETC.

Visibilité.

Le mot visible, dans ces règles, lorsqu'il s'applique à des feux, veut dire visible par une nuit noire, avec une atmosphère pure.

Feux.

ART. 1er. — Les règles concernant les feux doivent être observées par tous les temps, du coucher au lever du soleil, et pendant cet intervalle on ne doit montrer aucun autre feu pouvant être pris pour un des feux prescrits.

Feux que doivent porter les bâtiments à vapeur.

Art. 2. — Un navire à vapeur faisant route doit porter :

a) Au mât de misaine ou en avant de ce mât, ou bien, si le navire n'a pas de mât de misaine, sur la partie avant du navire, à une hauteur au-dessus du plat-bord qui ne soit pas inférieure à 6 m. 10, et, si la largeur du navire dépasse 6 m. 10, à une hauteur au-dessus du plat-bord au moins égale à cette largeur, sans qu'il soit néanmoins nécessaire que cette hauteur au-dessus du plat-bord dépasse 12 m. 19, un feu blanc brillant, disposé de manière à montrer une lumière ininterrompue sur tout le parcours d'un arc de l'horizon de 20 quarts ou rumbs du compas, soit 10 quarts ou rumbs de chaque côté du navire, c'est-à-dire depuis l'avant jusqu'à 2 quarts sur l'arrière du travers de chaque bord ; ce feu doit être visible d'une distance d'au moins 5 milles.

b) A tribord, un feu vert établi de manière à projeter une lumière ininterrompue sur tout le parcours d'un arc de l'horizon de 10 quarts ou rumbs du compas, c'est-à-dire depuis l'avant jusqu'à 2 quarts sur l'arrière du travers à tribord ; ce feu doit être visible d'une distance d'au moins 2 milles.

c) A bâbord, un feu rouge établi de manière à projeter une lumière ininterrompue sur tout le parcours d'un arc de l'horizon de 10 quarts ou rumbs du compas, c'est-à-dire depuis l'avant jusqu'à 2 quarts sur l'arrière du travers à bâbord ; ce feu doit être visible d'une distance d'au moins 2 milles.

d) Les dits feux de côté vert et rouge doivent être munis, du côté du bâtiment, d'écrans s'avançant au moins 91 centimètres en avant du feu, de telle sorte que leur lumière ne puisse pas être aperçue de tribord devant pour le feu rouge, et de bâbord devant pour le feu vert.

e) Un navire à vapeur faisant route peut porter un feu blanc additionnel de même construction que le feu mentionné au paragraphe *a*). Ces deux feux devront être placés dans le plan longitudinal, de manière que l'un soit plus élevé que l'autre d'au moins 4 m. 57, et dans une position telle, l'un par rapport à l'autre, que le feu inférieur soit sur l'avant du feu supérieur. La distance verticale entre ces feux devra être moindre que leur distance horizontale.

Feux des navires à vapeur remorquant.

Art. 3. — Tout navire à vapeur remorquant un autre navire doit porter, outre ses feux de côté, deux feux blancs brillants, placés verticalement à 1 m. 83 au moins l'un de l'autre et lorsqu'il remorque plus d'un navire il doit porter un feu blanc brillant additionnel à 1 m. 83 au-dessus ou au-dessous des deux précédents, si la longueur de la remorque, mesurée entre l'arrière du remorqueur et l'arrière du dernier navire remorqué, dépasse 183 mètres. Chacun de ces feux doit être de la même construction, du même caractère et placé dans la même position que le feu blanc mentionné à l'article 2 *a*), à l'exception du feu additionnel qui peut être à une hauteur de 4 m. 27 au moins au-dessus du plat-bord.

Le remorqueur peut porter, en arrière de sa cheminée ou de son mât de l'arrière, un petit feu blanc sur lequel gouverne le bâtiment remorqué ; mais ce feu ne doit pas être visible sur l'avant du travers du remorqueur.

Signaux de jour et de nuit à bord des navires qui ne sont pas maîtres de leur manœuvre.

Art. 4. — *a*) Un navire qui, pour une cause accidentelle, n'est pas maître de sa manœuvre, doit, pendant la nuit, porter à la même hauteur que le feu blanc mentionné à l'article 2 *a*), à l'endroit où ils seront le plus apparents, et, si ce navire est à vapeur, à la place de ce dernier feu, deux feux rouges disposés verticalement à une distance l'un de l'autre d'au moins 1 m. 83 et d'une intensité suffisante pour être visibles, tout autour de l'horizon, d'une distance d'au moins 2 milles ; pendant le jour, ce même navire devra porter, sur une ligne verticale et à 1 m. 83 au moins de distance l'un de l'autre, dans l'endroit où ils seront le plus apparents, deux ballons ou marques noirs de 61 centimètres de diamètre chacun.

b) Un navire employé à poser ou à relever un câble télégraphique doit porter, dans la même position que le feu blanc mentionné à l'article 2 *a*), et, si c'est un navire à vapeur, à la place assignée à ce feu, trois feux placés sur une ligne verticale à 1 m. 83 au moins l'un de l'autre. Le feu supérieur et le feu inférieur seront rouges, le feu du milieu blanc, ils auront une intensité suffisante pour être visibles sur tout l'horizon d'une distance d'au moins 2 milles. De jour, il devra porter, sur une même ligne verticale, à 1 m. 83 au moins l'une de l'autre, et placées dans l'endroit le plus apparent, trois marques de 61 centimètres au moins de diamètre chacune, dont la plus haute et la plus basse seront de forme sphérique et de couleur rouge, celle du milieu de forme biconique et de couleur blanche.

c) Les navires dont il est question dans le présent article ne portent pas de feux de côté quand ils n'ont aucun sillage, mais ils doivent en avoir, s'ils ont de l'erre.

d) Les feux et les marques de jour prescrits par le présent article doivent être regardés par les autres navires comme des signaux indiquant que le bâtiment qui les montre n'est pas maître de sa manœuvre et ne peut, par conséquent, s'écarter de sa route.

Ces signaux ne sont pas des signaux de navires en détresse et demandant assistance ; ces derniers signaux sont spécifiés à l'article 31.

Feux des navires à voiles.

ART. 5. — Tout navire à voiles qui fait route et tout navire remorqué doivent porter les feux prescrits à l'article 2 pour un navire à vapeur faisant route, à l'exception des feux blancs mentionnés dans ledit article, qu'ils ne doivent jamais porter.

Feux exceptionnels pour les petits navires.

ART. 6. — Toutes les fois que les feux de côté, vert et rouge, ne peuvent être fixés à leur poste comme cela a lieu à bord des bâtiments faisant route par mauvais temps, ces feux doivent être tenus sous la main, allumés et prêts à être montrés ; si l'on approche d'un autre bâtiment ou si l'on en voit un qui s'approche, on doit montrer ces feux à leur bord respectif suffisamment à temps pour prévenir la collision, de telle sorte qu'ils soient bien apparents et que le feu vert ne puisse pas être aperçu de bâbord, ni le feu rouge de tribord, et s'il est possible, de telle sorte qu'ils ne puissent être vus au delà de 2 quarts sur l'arrière du travers de leur bord respectif.

Afin de rendre plus facile et plus sûr l'emploi de ces feux portatifs, les fanaux doivent être peints extérieurement de la couleur du feu qu'ils contiennent respectivement et doivent être munis d'écrans convenables.

Feux des petits bâtiments et des embarcations.

Art. 7. — Les navires à vapeur de moins de 40 tonneaux de jauge brute et les navires marchant à l'aviron ou à la voile de moins de 20 tonneaux de jauge brute, ainsi que les embarcations à l'aviron, lorsqu'ils font route, ne sont pas astreints à porter les feux mentionnés à l'article 2 *a*), *b*) et *c*) ; mais, s'ils ne les portent pas, ils doivent être pourvus des feux suivants :

1° Les navires à vapeur de moins de 40 tonneaux doivent porter :

a) Sur la partie avant du navire, soit sur la cheminée, soit en avant de celle-ci, à l'endroit où il sera le plus apparent et à 2 m. 74 au moins au-dessus du plat-bord, un feu blanc brillant construit et fixé comme il est prescrit à l'article 2 *a*) et d'une intensité suffisante pour être visible d'une distance d'au moins 2 milles ;

b) Des feux de côté, vert et rouge, construits et fixés comme il est prescrit à l'article 2 *b*) et *c*), et d'une intensité suffisante pour être visibles d'une distance d'au moins 1 mille, ou un fanal combiné pour montrer un feu vert et un feu rouge depuis l'avant jusqu'à 2 quarts sur l'arrière du travers de leur bord respectif. Ce fanal ne doit pas être à moins de 91 centimètres au-dessous du feu blanc ;

2° Les petits navires à vapeur, tels que les embarcations que portent les bâtiments de mer, peuvent placer le feu blanc à moins de 2 m. 74 au-dessus du plat-bord, mais ce feu doit être au-dessus du fanal combiné mentionné au paragraphe 1 *b*) ;

3° Les petits navires, à l'aviron ou à la voile, de moins de 20 tonneaux, doivent avoir prêt, sous la main, un fanal muni d'une glace verte d'un côté et d'une glace rouge de l'autre côté, et, s'ils approchent d'un autre navire ou s'ils en voient un s'approcher, ils doivent montrer ce fanal assez à temps pour prévenir une collision, de telle sorte que le feu vert ne puisse être aperçu de bâbord ni le feu rouge de tribord ;

4° Les embarcations à rames, lorsqu'elles marchent à l'aviron ou à la voile, doivent avoir prêt sous la main un fanal à feu blanc, qui sera montré temporairement assez à temps pour prévenir une collision.

Les navires dont il est question dans cet article ne sont pas obligés de porter les feux prescrits par l'article 4 *a*) et par l'article 11, dernier paragraphe.

Feux des bateaux-pilotes.

Art. 8 (modifié) (1). — Les bateaux-pilotes, quand ils sont à leur station en service de pilotage, ne doivent pas montrer les feux exigés des autres navires ; ils doivent porter en tête de mât un feu blanc visible tout autour de l'horizon et montrer aussi un ou plusieurs feux provisoires d'une nature quelconque (flare-up-light) à de courts intervalles ne dépassant jamais quinze minutes.

S'ils s'approchent d'un autre navire ou s'ils en voient un s'approcher, ils doivent avoir leurs feux de côté allumés, prêts à servir, et les démasquer ou remasquer à de courts intervalles, pour indiquer la direction de leur cap ; mais le feu vert ne doit pas paraître du côté de bâbord, ni le feu rouge du côté de tribord.

Un bateau-pilote, de la catégorie de ceux qui sont obligés d'accoster un navire pour mettre un pilote à bord, peut montrer le feu blanc au lieu de le porter en tête de mât, et peut, au lieu des feux de couleur ci-dessus mentionnés, avoir sous la main, prêt à servir, un fanal muni d'une glace verte d'un côté et d'une glace rouge de l'autre côté, pour l'employer comme il est dit plus haut.

Un bateau-pilote à vapeur, exclusivement employé au service des pilotes patentés ou autorisés par toute autorité de pilotage ou comité d'un district de pilotage, doit, lorsqu'il est à sa station en service de pilotage mais non au mouillage, porter, en plus des feux exigés pour tous les bateaux-pilotes, et à 2 m. 40 au-dessous du feu blanc de tête de mât, un feu rouge visible tout autour de l'horizon d'une distance d'au

(1) Décret du 9 novembre 1905.

moins 2 milles par nuit noire mais atmosphère claire ; il doit aussi porter les feux de couleur de côté exigés pour les navires en marche.

Lorsqu'il est à sa station en service de pilotage, mais au mouillage, il doit porter, en plus des feux exigés pour tous les bateaux-pilotes, le feu rouge mentionné ci-dessus, mais non les feux de couleur de côté.

Les bateaux-pilotes, lorsqu'ils ne sont pas à leur station en service de pilotage, doivent porter des feux semblables à ceux des autres navires de leur tonnage.

Feux des bateaux de pêche.

Art. 9 (nouveau) (1). — Les bateaux et embarcations de pêche, sauf dans les cas visés ci-dessous, sont tenus de porter ou de montrer, lorsqu'ils sont en marche, les feux réglementaires pour les navires de leur tonnage en marche.

a) Les bateaux découverts (c'est-à-dire ceux qu'un pont continu ne protège pas de la mer) qui, pendant la durée de la pêche de nuit, portent un appareil immergé ne s'étendant pas à plus de 45 mètres, distance horizontale comptée à partir du bateau, sont tenus de porter un feu blanc visible sur tout l'horizon.

Les bateaux découverts, lorsqu'ils pêchent de nuit avec un appareil immergé qui déborde et s'étend à plus de 45 mètres comptés à partir du bateau et horizontalement, doivent porter un feu blanc visible sur tout l'horizon, et de plus, lorsqu'ils s'approchent d'un bâtiment ou lorsqu'ils sont rejoints par un navire, doivent montrer un deuxième feu blanc à au moins 90 centimètres au-dessous du premier feu et à une distance horizontale d'au moins 1 m. 50 en dehors de ce feu et dans la direction où l'appareil qui déborde est amarré à bord.

b) Les bateaux et embarcations, à l'exception des bateaux découverts définis par le paragraphe *a)*, lorsqu'ils pêchent avec des filets dérivants, doivent, tant que les filets sont dans l'eau totalement ou en partie, porter deux feux blancs aux endroits où ils peuvent être le plus visibles. Ces feux doivent être placés à une distance verticale l'un de l'autre de 1 m. 80 au moins et de 4 m. 50 au plus et à une distance horizontale

(1) Décret du 9 novembre 1905.

dans le sens de la longueur du bateau, de 1 m. 50 au moins et de 3 mètres au plus. Le feu inférieur devra être placé dans la direction des filets et l'ensemble des feux devra être visible sur tout l'horizon d'une distance d'au moins 3 milles.

Dans la Méditerranée et dans les mers bordant les côtes du Japon et de la Corée, les voiliers de pêche de moins de 20 tonneaux de jauge brute ne seront pas tenus de porter le dernier des feux ci-dessus (feu inférieur) ; mais, s'ils ne le portent pas, ils seront tenus de montrer dans la même position (dans la direction du filet ou de l'appareil) un feu blanc visible d'au moins 1 mille à l'approche d'un autre bâtiment.

c) Les bateaux et embarcations, à l'exception des bateaux découverts tels qu'ils sont définis dans le paragraphe *a*), lorsqu'ils pêchent à la ligne avec leurs lignes dehors et amarrées, ou lorsqu'ils halent leurs lignes, et lorsqu'ils ne sont pas au mouillage ou stationnaires ([voir paragraphe *h*]) doivent porter les mêmes feux que les bateaux qui pêchent avec des filets flottants. Lorsqu'ils élongent leurs lignes ou s'ils pêchent avec des lignes traînantes (1) ils sont tenus de porter les feux prescrits, suivant le cas, pour les vapeurs ou les voiliers en marche.

Dans la Méditerranée et dans les mers bordant les côtes du Japon et de la Corée, les voiliers de moins de 20 tonneaux de jauge brute ne sont pas tenus de porter le dernier des feux ci-dessus (feu inférieur), mais s'ils ne le portent pas, ils doivent montrer dans la même position (dans la direction des lignes) un feu blanc, visible d'au moins 1 mille, à l'approche d'un autre navire.

d) Les bateaux occupés à chaluter, c'est-à-dire à draguer le fond avec un appareil, doivent :

1o S'ils sont à vapeur, porter, dans la même position que le feu blanc mentionné dans l'article 2 (*a*), un fanal tricolore, disposé de manière à montrer un feu blanc depuis l'avant jusqu'à deux quarts de chaque bord, et un feu vert par tribord ainsi qu'un feu rouge par bâbord, visibles l'un et l'autre à partir de deux quarts sur l'arrière du travers ; ils doivent porter de plus, à 1 m. 80 au moins et à 3 m. 60 au plus au-

---

(1) On doit entendre par lignes traînantes celles qui sont remorquées à la surface comme dans le cas de pêche au maquereau (towing lines).

dessous du fanal tricolore un feu blanc montrant une lumière claire, uniforme et ininterrompue sur tout l'horizon.

2° S'ils sont à voiles, porter un fanal disposé de manière à montrer une lumière blanche, claire, uniforme et ininterrompue sur tout l'horizon ; ils doivent aussi, à l'approche d'un autre bâtiment, montrer dans l'endroit où elle sera le mieux visible une flamme (flare-up-light), blanche ou une torche, assez à temps pour éviter un abordage.

Tous les feux mentionnés dans le paragraphe *d*) nos 1o et 2o doivent être visibles d'au moins deux milles.

e) Les dragueurs d'huîtres et autres bateaux pêchant avec des filets de drague doivent porter et montrer les mêmes feux que les chalutiers.

f) Les bateaux et embarcations de pêche peuvent, en tout temps, montrer une flamme (flare-up-light) en plus des feux que le présent article les oblige à porter ou à montrer ; ils peuvent aussi employer des feux de travail (working lights).

g) Tout bateau de pêche et toute embarcation de pêche de moins de 45 mètres de longueur doit porter au mouillage un feu blanc, visible d'au moins 1 mille sur tout l'horizon.

Tout bateau de pêche de 45 mètres de longueur et au-dessus doit montrer au mouillage un feu blanc, visible d'au moins 1 mille sur tout l'horizon, et montrer un second feu, comme l'article 2 le prévoit pour les bâtiments de cette longueur.

Si le bâtiment, qu'il ait moins de 45 mètres de longueur ou 45 mètres de longueur et au-dessus, est attaché à un filet ou à tout autre engin de pêche, il doit, à l'approche d'un autre bâtiment, montrer un feu blanc supplémentaire à 90 centimètres au moins au-dessous du feu de mouillage et à une distance horizontale d'au moins 1 m. 50 en dehors de ce dernier feu, dans la direction du filet ou de l'engin de pêche.

h) Si un bateau ou une embarcation de pêche devient stationnaire, ses engins s'étant trouvés engagés par une roche ou un autre obstacle, il doit, le jour, hisser le signal prévu par le paragraphe *k*) ; de nuit, il doit montrer le ou les feux prescrits pour un navire au mouillage, et en temps de brume, de neige, ou par tempêtes de pluie, faire le signal de brume des bâtiments au mouillage. (Voir § *d*) et art. 15, dernier paragraphe.

i) Par brouillard, brume, neige, tempêtes de pluie, les bateaux à filets dérivants attachés à leurs filets, les bateaux chalutant, draguant ou pêchant avec toute espèce de filets à draguer, les bâtiments pêchant à la ligne avec leurs lignes dehors, doivent, si leur tonnage brut est de 20 tonneaux ou au-dessus, faire entendre à des intervalles d'une minute au plus, un son de leur sifflet ou de leur sirène, si ce sont des vapeurs, et de leur cornet de brume, si ce sont des voiliers; chaque son doit être suivi d'une sonnerie de la cloche.

Les bateaux de pêche et embarcations de moins de 20 tonneaux de jauge brute ne sont pas tenus de faire les signaux ci-dessus; mais, s'ils ne les font pas, ils doivent faire entendre quelque autre signal sonore efficace, à des intervalles ne dépassant pas une minute.

k) Tous les bateaux ou embarcations de pêche en marche se servant de filets, de lignes ou de chaluts doivent l'indiquer, de jour, à tout bâtiment qui approche, en hissant un panier ou un autre signal efficace à l'endroit où il peut être le plus visible. S'ils sont au mouillage avec leurs engins dehors, ils doivent, à l'approche d'un autre bâtiment, montrer le même signal du côté où ce bâtiment peut passer.

Les bâtiments visés par cet article ne sont pas obligés de porter les feux prescrits par l'article 4, paragraphe *a*), et par le dernier paragraphe de l'article 2.

Navire rattrapé par un autre.

Art. 10. — Un navire qui est rattrapé par un autre doit montrer à celui-ci, de la partie arrière du navire, un feu blanc ou un feu provisoire d'une nature quelconque (*flare-up*).

Le feu blanc mentionné dans cet article peut être fixe et placé dans un fanal; mais dans ce cas, le fanal doit être muni d'écrans et disposé de telle sorte qu'il projette une lumière non interrompue sur un arc de l'horizon de 12 rumbs ou quarts du compas, soit 6 rumbs de chaque bord à partir de l'arrière; ce feu doit être visible d'au moins 1 mille et placé autant que possible à la même hauteur que les feux de côté.

Feux des bâtiments au mouillage.

Art. 11. — Un navire de moins de 45 m. 72 de longueur, lorsqu'il est au mouillage, doit porter à l'avant, dans l'endroit où il peut être le plus apparent, mais à une hauteur n'excédant pas 6 m. 10 au-dessus du plat-bord, un feu blanc dans un fanal disposé de manière à projeter tout autour de l'horizon une lumière claire, uniforme et non interrompue à une distance d'au moins 1 mille.

Un navire de 45 m. 72 ou plus de longueur, lorsqu'il est au mouillage, doit porter à la partie avant, à une hauteur au-dessus du plat-bord de 6 m. 10 au moins et de 12 m. 19 au plus, un feu semblable à celui qui a été mentionné dans le paragraphe précédent, et à l'arrière ou près de l'arrière un second feu pareil, qui doit être à une hauteur telle qu'il ne se trouve pas moins de 4 m. 57 plus bas que le feu de l'avant.

On prendra pour la longueur du navire celle qui est donnée par son certificat d'inscription ou d'immatriculation.

Tout navire échoué dans un chenal ou près d'un chenal doit porter le feu ou les feux mentionnés ci-dessus, ainsi que les deux feux rouges prescrits par l'article 4 a).

Feux provisoires et signaux pour appeler l'attention.

Art. 12. — Tout navire peut, s'il le juge nécessaire pour appeler l'attention, montrer, en plus des feux prescrits par les présentes règles, un feu provisoire d'une nature quelconque (*flare-up*)) ou faire usage de tout signal détonnant ne pouvant être pris pour un signal de détresse.

Feux de position ou de signaux

Art. 13. — Les présentes règles ne doivent en rien gêner la mise à exécution des prescriptions spéciales édictées par un gouvernement quelconque, quant à un plus grand nombre de feux de position ou de signaux à mettre à bord des bâtiments de guerre au nombre de deux ou davantage, ainsi qu'à bord des bâtiments à voiles naviguant en convoi, non plus que l'emploi des signaux de reconnaissance adoptés par les armateurs avec l'autorisation de leurs gouvernements respectifs et dûment enregistrés et publiés.

Navire à vapeur faisant route à la voile seule

Art. 14. — Tout navire à vapeur faisant route à la voile seulement, mais ayant sa cheminée dressée, doit porter de jour, à l'avant, à l'endroit où il sera le plus apparent, un ballon noir ou une marque noire de 61 centimètres de diamètre.

SIGNAUX PHONIQUES
DE BRUME, DE BROUILLARD OU DE NEIGE

Art. 15. — Tous les signaux prescrits par le présent article pour les navires faisant route devront être produits :

1º A bord des *navires à vapeur*, au moyen du sifflet ou de la sirène ;

2º A bord des *navires à voiles* et des *navires remorqués*, au moyen du cornet de brume.

Les mots « son prolongé » employés dans cet article signifient un son de quatre à six secondes de durée.

Tout navire à vapeur doit être pourvu d'un sifflet ou d'une sirène d'une sonorité suffisante, actionné par la vapeur ou par tout autre moteur pouvant la remplacer et placé de telle sorte que le son ne puisse être arrêté par aucun obstacle ; il doit aussi être pourvu d'un cornet de brume actionné mécaniquement ainsi que d'une cloche, l'un et l'autre suffisamment puissants.

[Dans tous les cas où les présentes règles prescrivent une cloche, on peut se servir d'un tambour à bord des navires turcs ou d'un gong, lorsque ces objets sont en usage à bord des petits navires de mer.]

Tout navire à voiles d'un tonnage brut de 20 tonneaux et au-dessus doit avoir un cornet de brume et une cloche semblables.

Par les temps de brume, de brouillard, de bruine, de neige, ou pendant les forts grains de pluie, tant de jour que de nuit, les signaux décrits dans le présent article seront employés comme il suit :

a) Tout navire à vapeur ayant de l'erre doit faire entendre un son prolongé à des intervalles de deux minutes au plus ;

b) Tout navire à vapeur en route, mais stoppé et n'ayant pas d'erre, doit faire entendre, à des intervalles ne dépassant pas deux minutes, *deux* sons prolongés séparés par un intervalle d'une seconde environ ;

c) Tout navire à voiles faisant route doit faire entendre, à des intervalles n'excédant pas une minute, *un* son quand il est tribord amures, *deux* sons consécutifs quand il est bâbord amures, et *trois* sons consécutifs quand il a le vent de l'arrière du travers ;

d) Tout navire au mouillage doit sonner la cloche rapidement pendant cinq secondes environ à des intervalles n'excédant pas une minute ;

e) Tout navire qui remorque, tout navire employé à poser ou à lever un câble télégraphique, tout navire faisant route et ne pouvant se déranger de la route d'un navire qui s'approche, parce qu'il n'est pas maître de sa manœuvre ou qu'il ne peut manœuvrer comme l'exige ce règlement, devra au lieu des signaux prescrits aux paragraphes *a*) et *c*) du présent article, faire entendre, à des intervalles ne dépassant pas deux minutes, trois sons consécutifs, savoir : un son prolongé suivi de deux sons brefs. Un navire remorqué peut faire ce signal, mais il n'en fera pas d'autre.

Les navires à voiles et embarcations d'un tonnage brut de moins de 20 tonneaux ne sont pas astreints à faire les signaux mentionnés ci-dessus ; mais s'ils ne les font pas, ils doivent faire tout autre signal phonique d'une intensité suffisante à des intervalles ne dépassant pas une minute.

**LA VITESSE DES NAVIRES
DOIT ÊTRE MODÉRÉE PAR TEMPS
DE BRUME, DE BROUILLARD, ETC.**

Art. 16. — Tout navire, par temps de brume, de brouillard, de bruine, de neige, ou pendant les forts grains de pluie, doit aller à une vitesse modérée, en tenant attentivement compte des circonstances et des conditions existantes.

Tout navire à vapeur, en entendant, dans une direction qui lui paraît être sur l'avant de son travers, le signal de brume d'un navire dont la position est incertaine, doit, autant que les circonstances du cas le comportent, stopper sa machine et ensuite naviguer avec précaution jusqu'à ce que le danger de collision soit passé.

PRÉLIMINAIRES
RISQUES DE COLLISION

Constatation du risque de collision.

Le risque de collision peut, quand les circonstances le permettent, être constaté par l'observation attentive du relèvement au compas d'un navire qui s'approche. Si ce relèvement ne change pas d'une façon appréciable, on doit en conclure que ce risque existe.

Entre deux navires à voiles.

Art. 17. — Lorsque deux navires à voiles s'approchent l'un de l'autre, de manière à faire craindre une collision, l'un d'eux doit s'écarter de la route de l'autre comme il suit, savoir :

a) Tout navire courant largue doit s'écarter de la route d'un navire qui est au plus près ;

b) Tout navire qui court au plus près bâbord amures doit s'écarter de la route d'un navire qui est au plus près tribord amures ;

c) Lorsque deux navires courent largue avec le vent de bords opposés, celui qui reçoit le vent de bâbord doit s'écarter de la route de l'autre ;

d) Lorsque deux navires courent largue avec le vent du même bord, celui qui est au vent doit s'écarter de la route de celui qui est sous le vent ;

e) Tout navire vent arrière doit s'écarter de la route d'un autre navire.

Entre deux navires à vapeur.

Art. 18. — Lorsque deux navires marchant à la vapeur font des routes directement opposées ou à peu près opposées, de manière à faire craindre une collision, chacun d'eux doit venir sur le tribord de manière à passer par bâbord l'un de l'autre.

Cet article ne s'applique qu'aux cas où les navires ont le cap l'un sur l'autre ou presque l'un sur l'autre, en suivant des directions opposées, de telle sorte que la collision soit à craindre : il ne s'applique pas à deux navires qui, s'ils continuent leurs routes respectives, se croiseront sûrement sans se toucher.

Les seuls cas que vise cet article sont ceux dans lesquels chacun des deux bâtiments a le cap sur l'autre, en d'autres termes, les cas dans lesquels, pendant le jour, chaque bâtiment voit les mâts de l'autre navire l'un par l'autre ou à très peu près l'un par l'autre et tout à fait ou à très peu près dans le prolongement de son cap ; et pendant la nuit, le cas où chaque bâtiment est placé de manière à voir à la fois les deux feux de côté de l'autre,

Il ne s'applique pas au cas où, pendant le jour, un bâtiment en aperçoit un autre droit devant lui et coupant sa route, ni au cas où, pendant la nuit, chaque bâtiment présentant son feu rouge voit le feu de même couleur de l'autre où chaque bâtiment présentant son feu vert voit le feu de même couleur de l'autre, ni au cas où un bâtiment aperçoit droit devant lui un feu rouge sans voir de feu vert, ou aperçoit devant lui un feu vert sans voir de feu rouge, enfin ni au cas où un bâtiment aperçoit à la fois un feu vert et un feu rouge dans toute autre direction que droit devant ou à peu près.

Entre deux navires à vapeur se croisant.

Art. 19. — Lorsque deux navires marchant à la vapeur font des routes qui se croisent de manière à faire craindre une collision, le bâtiment qui voit l'autre par tribord doit s'écarter de la route de cet autre navire.

Entre un navire à voiles et un navire à vapeur.

Art. 20. — Lorsque deux navires, l'un à vapeur, l'autre à voiles, courent de manière à risquer de se rencontrer, le navire sous vapeur doit s'écarter de la route de celui qui est à voiles.

Interprétation.

Art. 21. — Quand, d'après les règles tracées ci-dessus, l'un des navires doit changer sa route, l'autre bâtiment doit conserver la sienne et maintenir sa vitesse.

Nota. — Il peut se faire, par suite de temps couvert ou pour d'autres causes, que deux navires viennent à se trouver tellement rapprochés l'un de l'autre que la collision ne puisse être évitée par la manœuvre seule de celui qui doit laisser la route libre ; dans ce cas, l'autre navire doit faire, de son côté, telle manœuvre qu'il jugera la meilleure pour empêcher l'abordage. (Voir art. 27 et 29.)

Eviter de couper la route d'un bâtiment sur l'avant.

ART. 22. — Tout navire qui est tenu, d'après ces règles, de s'écarter de la route d'un autre navire, doit, si les circonstances de la rencontre le permettent, éviter de couper la route de l'autre navire sur l'avant de celui-ci.

Diminuer de vitesse, stopper, et même marcher en arrière.

ART. 23. — Tout navire à vapeur qui est tenu, d'après ces règles, de s'écarter de la route d'un autre navire, doit, s'il s'approche de celui-ci, ralentir au besoin sa vitesse ou même stopper ou marcher en arrière, si les circonstances le rendent nécessaire.

Navire qui en rattrape un autre.

ART. 24. — Quelles que soient les prescriptions des articles qui précèdent, tout bâtiment qui en rattrape un autre doit s'écarter de la route de ce dernier.

Tout navire qui se rapproche d'un autre en venant d'une direction de plus de 2 quarts sur l'arrière du travers de ce dernier, c'est-à-dire qui se trouve dans une position telle par rapport au navire qui est rattrapé, qu'il ne pourrait, pendant la nuit, apercevoir aucun des feux de côté de celui-ci, doit être considéré comme un navire qui en rattrape un autre ; et aucun changement ultérieur dans le relèvement entre les deux bâtiments ne pourra faire considérer le navire qui rattrape l'autre comme croisant la route de ce dernier au sens propre de ces règles, et ne pourra l'affranchir de l'obligation de s'écarter de la route du navire rattrapé jusqu'à ce qu'il l'ait tout à fait dépassé et paré.

Pendant le jour, un bâtiment qui rattrape un autre bâtiment ne pouvant pas toujours reconnaître avec certitude s'il est sur l'avant ou sur l'arrière de cette direction par rapport à ce dernier, doit, s'il y a doute, se considérer comme un navire qui en rattrape un autre et s'écarter de la route de celui-ci.

Navire à vapeur dans les passes.

ART. 25. — Dans les passes étroites, tout navire à vapeur doit, quand la prescription est d'une exécution possible et sans danger pour lui, prendre la droite du chenal ou du milieu du passage.

S'écarter de la route de bateaux de pêche.

Art. 26. — Tout navire à voiles faisant route doit s'écarter de la route des navires à voiles ou embarcations pêchant avec des filets, des lignes ou des chaluts. Cette prescription ne donne pas aux navires ou embarcations qui sont occupés à une opération de pêche le droit d'obstruer un chenal fréquenté par des navires autres que des navires ou embarcations de pêche.

CIRCONSTANCES PARTICULIÈRES

Art. 27. — En suivant et en interprétant les prescriptions qui précèdent, on doit tenir compte de tous les dangers de navigation et de collision, ainsi que des circonstances particulières qui peuvent forcer de s'écarter de ces règles pour éviter un danger immédiat.

SIGNAUX PHONIQUES POUR LES NAVIRES QUI S'APERÇOIVENT L'UN L'AUTRE

Art. 28. — Les mots « son bref » employés dans cet article signifient un son d'environ une seconde de durée.

Lorsque des navires sont en vue l'un de l'autre, un navire à vapeur qui est en marche doit, en changeant sa route conformément à l'autorisation ou aux prescriptions de ce règlement, indiquer ce changement par les signaux suivants, faits au moyen de son sifflet ou de sa sirène, savoir :

Un son bref pour dire : « Je viens sur tribord » ; deux sons brefs pour dire : « Je viens sur bâbord » ; trois sons brefs pour dire : « Je marche en arrière à toute vitesse. »

OBSERVATION ABSOLUE EN TOUTES CIRCONSTANCES DES PRÉCAUTIONS ÉLÉMENTAIRES

Art. 29. — Rien de ce qui est prescrit dans ces règles ne doit exonérer un navire ou son propriétaire, ou son capitaine, ou son équipage, des conséquences d'une négligence quelconque soit au sujet des feux ou des signaux, soit de la part des hommes de veille, soit enfin au sujet de toute précaution que commande l'expérience ordinaire du marin et les circonstances particulières dans lesquelles se trouve le bâtiment.

Réserve des règlements des ports.

Art. 30. — Rien dans ces règles ne doit entraver l'application des règles spéciales, dûment édictées par l'autorité locale relativement à la navigation dans une rade, dans une rivière ou dans une étendue d'eau intérieure quelconque.

SIGNAUX DE DÉTRESSE

Art. 31. — Lorsqu'un bâtiment est en détresse et demande des secours à d'autres navires ou à la terre, il doit faire usage des signaux suivants : ensemble ou séparément, savoir :

Pendant le jour.

1° Coups de canon ou autres signaux explosifs tirés à intervalles d'une minute environ ;

2° Le signal de détresse du code international indiqué par les signes NC ;

3° Le signal de grande distance consistant en un pavillon carré, ayant au-dessus ou au-dessous un ballon ou quelque chose ressemblant à un ballon ;

4° Un son continu produit par un appareil quelconque pour signaux de brume.

Pendant la nuit.

1° Coups de canon ou autres signaux explosifs tirés à intervalles d'une minute environ ;

2° Flammes sur le navire, telles qu'on peut en produire en brûlant un baril à goudron, à huile, etc. ;

3° Fusées ou bombes projetant des étoiles de toutes couleurs et de tous genres, ces fusées ou bombes lancées une à une à de courts intervalles ;

4° Un son continu produit par un appareil quelconque pour signaux de brume.

Fait à Paris, le 21 février 1897.

Félix Faure

Par le Président de la République :
Le ministre de la marine,
G. Besnard.

DIJON. IMP. DARANTIERE